BEI GRIN MACHT SICH IHR WISSEN BEZAHLT

- Wir veröffentlichen Ihre Hausarbeit, Bachelor- und Masterarbeit

- Ihr eigenes eBook und Buch - weltweit in allen wichtigen Shops

- Verdienen Sie an jedem Verkauf

Jetzt bei www.GRIN.com hochladen und kostenlos publizieren

Bibliografische Information der Deutschen Nationalbibliothek:

Die Deutsche Bibliothek verzeichnet diese Publikation in der Deutschen Nationalbibliografie; detaillierte bibliografische Daten sind im Internet über http://dnb.d-nb.de/ abrufbar.

Dieses Werk sowie alle darin enthaltenen einzelnen Beiträge und Abbildungen sind urheberrechtlich geschützt. Jede Verwertung, die nicht ausdrücklich vom Urheberrechtsschutz zugelassen ist, bedarf der vorherigen Zustimmung des Verlages. Das gilt insbesondere für Vervielfältigungen, Bearbeitungen, Übersetzungen, Mikroverfilmungen, Auswertungen durch Datenbanken und für die Einspeicherung und Verarbeitung in elektronische Systeme. Alle Rechte, auch die des auszugsweisen Nachdrucks, der fotomechanischen Wiedergabe (einschließlich Mikrokopie) sowie der Auswertung durch Datenbanken oder ähnliche Einrichtungen, vorbehalten.

Impressum:

Copyright © 2013 GRIN Verlag, Open Publishing GmbH
Druck und Bindung: Books on Demand GmbH, Norderstedt Germany
ISBN: 9783668565470

Dieses Buch bei GRIN:

http://www.grin.com/de/e-book/378831/immanuel-kant-ueber-paedagogik-eine-betrachtung-der-aufgaben-sinn-und

Anonym

Immanuel Kant über Pädagogik. Eine Betrachtung der Aufgaben, Sinn und Zweck der Erziehung nach Kant

GRIN Verlag

GRIN - Your knowledge has value

Der GRIN Verlag publiziert seit 1998 wissenschaftliche Arbeiten von Studenten, Hochschullehrern und anderen Akademikern als eBook und gedrucktes Buch. Die Verlagswebsite www.grin.com ist die ideale Plattform zur Veröffentlichung von Hausarbeiten, Abschlussarbeiten, wissenschaftlichen Aufsätzen, Dissertationen und Fachbüchern.

Besuchen Sie uns im Internet:

http://www.grin.com/

http://www.facebook.com/grincom

http://www.twitter.com/grin_com

Proseminar:
Kants „Anthropologie in pragmatischer Hinsicht"

Immanuel Kant über Pädagogik.
- Durch Zwang zur Freiheit? -

Rehabilitationspädagogik, Philosophie

Inhaltsverzeichnis

1. Einleitung..2

2. Aufgaben der Erziehung..3
   - 2.1 Disziplin..3
   - 2.2 Kultivierung/ Zivilisierung....................................4
   - 2.3 Moralisierung...5

3. Sinn und Zweck der Erziehung......................................6
   - 3.1 Physische und Praktische Erziehung.......................6
   - 3.2 Sittlichkeit und Freiheit..7

4. Schlussfolgerung...8

Literaturverzeichnis.. 9

1. Einleitung

Die vorliegende Arbeit befasst sich mit den Aufgaben, dem Sinn und dem Zweck der Erziehung nach Kant. Dabei soll der sich daraus ergebende Zusammenhang zwischen Zwang, oder auch Sittlichkeit, und Freiheit näher erläutert werden. Bei seiner Reformpädagogik handelt es sich um ein Konzept einer „transzendentalen Logik" (KrV, 1781). Dabei basiert sein Verständnis eines pädagogischen Systems auf einem naturunabhängigen Moral- oder Sittengesetz. Anhand der verschiedenen Erziehungsstufen werde einzelne Aspekte in Bezug auf die zwingende Notwendigkeit von Erziehung und die damit verbundene Freiheit deutlich. Um diesen Prozess verständlicher zu machen, werden einzelne Entwicklungsetappen aufgezeigt.

2. Aufgaben der Erziehung

2.1 Disziplin

Kant eröffnet in seiner Vorlesung über Pädagogik (erschienen 1803) einleitend mit dem Satz: „Der Mensch ist das einzige Geschöpf, das erzogen werden muß" (Päd Bd. 10, A 1). Es wird deutlich, dass für ihn Erziehung eine notwendige Tatsache ist. Gegensätzlich zum tierischen Verhalten, lässt er bemerken, dass der Mensch in seinem Leben nicht festgesetzt ist. Dinge die das Tier durch seinen Instinkt leitet, bleiben dem Menschen vorbehalten, denn er hat keinen instinktiv, gesteuerten Verstand. Der Mensch unterliegt der Anleitung anderer, zwar besitzt er eine „eigene Vernunft", jedoch ist es ihm nicht vorbehalten, sich nach seiner Geburt in die Führung Außenstehender Personen zu begeben, da ihm die Fähigkeit selbst zu planen, anfänglich noch nicht angeeignet ist. Der Mensch befindet sich in einem Erziehungsprozess, dessen Urheber er nicht alleine ist (vgl. ebd. A 2). Kant merkt an, dass der Mensch von Natur aus ein freiheitsliebendes Wesen ist. Um dieses zu unterbinden ist es von Nöten die Menschen zu züchtigen und zu disziplinieren. Das sollte seiner Auffassung nach schon im frühen Kindesalter geschehen, denn eine Änderung je mehr Zeit vergeht, wird sich letztendlich als schwierig erweisen, „Daher muß der Mensch frühe gewöhnt werden, sich den Vorschriften der Vernunft [...] so behält er eine gewisse Wildheit durch sein ganzes Leben" (ebd. A 4-5). Vor dem Hintergrund bleiben auch bei mangelnder Disziplin und Unterweisung eines Menschen, die ihm auferlegten erzieherischen Maßnahmen, fern. Jedoch ist die Weitläufigkeit der Unterweisungen begrenzt, denn man weiß nie wie ausgeprägt die natürlichen Anlagen sind.

Weiterhin führt Kant auf, dass im Rahmen der Disziplin, Strafe und Zwang nicht auszuschließen sind. Wenn Grenzen gegeben sind, dann auch durch diese Bestimmungen. Disziplin trägt für Kant einen verhütenden, aber keinen richtungsweisenden Charakter und wird von ihm deshalb als negative Bestimmung gesehen.

2.2 Kultivierung/ Zivilisierung

Anders als bei der Disziplin, welche Kant eher als negativ konnotiert, gehört die Kultivierung und Zivilisierung zum positiven Teil der Erziehung. Während man bei der Wartung und Disziplin nicht so viel den Verstand eines Kindes einfordert, werden bei der Kultivierung Gewandtheit und Fertigkeiten entwickelt (vgl. ebd. A 22). Die Selbstständigkeit kommt hier nach und nach am weitesten zum Tragen. Durch äußere Einflüsse und Unterweisungen ist ein Kind in der freien Entfaltung eingeschränkt, das höchste Maß an Erziehung kann nicht erreicht werden. Es muss durch eigenes üben und lernen zu einer besseren Entwicklung kommen. Je größer die Abhängigkeit durch künstliche Werkzeuge, desto eingeschränkter die Autonomie. Für Kant gibt es zweierlei Aspekte. Einmal die mechanische Erziehung ohne Plan, welche für ihn nur auf günstige Gelegenheiten beruht, also nicht durchdacht und durch Fehler und Mängel behaftet ist. Oder die Erziehungskunst auf begründeten Urteilen beruhend. Aber dass was für ihn den Menschen voran bringt, ist es sich seines eigenen Verstandes zu bedienen (vgl. ebd. A 16-17). Durch den ungebundenen Gebrauch der eigenen Vernunft wird es möglich sittlich autonom zu sein. Für die nächste Stufe, Zivilisierung, wird der Mensch durch Kultivierung vorbereitet. Hat er den Grad an Eigenständigkeit erlangt, bleibt es nun jedoch nicht aus, sich in der Welt zu integrieren und in eine Gesellschaft einzubringen und zu entwickeln. Die somit gewonnen Autonomie muss zivilisiert werden. Als kultivierter Mensch erhält er Anerkennung als Individuum seiner selbst, in der Zivilisierung bekommt sein Ansehen und die zu erlangende Klugheit, ein Wert als Ganzes. (vgl. Niethammer, 1980, S. 179). Wichtig ist, dass der Mensch sich dem gesellschaftlichen Bild anpasst. Um mit anderen Menschen zu verkehren, ist ein gewisser Umgang mit festgesetzten Verhaltensweisen von Nöten. Manieren, Gehorsam und Weltklugheit sind hervorzuhebende Merkmale, um sich dem Zwecke der Menschheit zu bedienen. Freiheit und Notwendigkeit werden miteinander verbunden. Einerseits muss der Mensch lernen über die natürlichen Gesetze seiner Mitmenschen zu gebieten, wodurch ein gewisser Grad an Freiheit erlangt wird, andererseits ist seine Tragfähigkeit eingeschränkt, da er sich den bürgerlichen Regeln fügen muss. Die Maxime der Gesellschaft, sollten als eigene anerkannt werden. Dabei entsteht ein Zwiespalt für den Menschen. Mit der entwickelten Weltklugheit ist die moralische Autonomie eingeschränkt.

2.3 Moralisierung

Diese Stufe der Erziehung soll nun den moralischen Charakter ausbilden. Hier geht es darum sich nicht nur dem Zwecke seiner selbst zu bedienen, sondern Intentionen herauszubilden, die für jeden geeignet sind und nicht nur von privater Natur (vgl. ebd. A 23). Kant nimmt an, dass dem Einfluss erzieherischer Maßnahmen, hier keine Bedeutung zukommt, da die Entwicklung und Erkenntnis eigener Handlungen, selbst erschaffen werden müssen. Jedoch geht Kant aber auch nicht davon aus, dass ein schlecht erzogener Mensch, sich dabei selbst zur Moralität drängen kann (vgl. ebd. A 17-21). Die Entstehung charakterlicher Eigenschaften erfolgt über die Erfahrung der eigenen Freiheit und der Erkenntnis von Grundsätzen sittlicher Norm. Aus fremdeinwirkender Erziehung wird Selbsterziehung, welcher Disziplinierung, Kultivierung und Zivilisierung voran geht. Jedoch sollte von außen kein, durch Furchtsamkeit erzwungener Habitus hervorgebracht werden, sondern eine Förderung angemessener Handlungen bestehen. In diesem Zusammenhang steht die Verbindung zum kategorischen Imperativ und Moralerziehung wie folgt: „ Handle so, daß du die Menschheit, sowohl in deiner Person, als in der Person eines jeden andern, jederzeit zugleich als Zweck, niemals bloß als Mittel brauchtest (Niethammer, 1980, S. 209).
Der Mensch ist befugt zu lernen, nach Maximen moralisch zu handeln.

3. Sinn und Zweck der Erziehung

3.1 Physische und Praktische Erziehung

Die physische Erziehung ist für Kant, ähnlich wie die Disziplin, negativ behaftet. Die Bedeutung dessen liegt darin, dass der Prozess der Kindheit nur von dem Erwachsenen geleitet wird. Dabei besteht anfänglich die Aufgabe das Kind durch eine andere Hand zu ernähren, „ Die physische Erziehung ist eigentlich nur Verpflegung, entweder durch Eltern, oder Ammen, oder Wärterinnen" (ebd. A 38). Für Kant ist wichtig, die natürliche Entwicklung zu fördern. Höchstens durch Abhärtung soll eingegriffen werden (vgl. ebd. A 43-45). Wartung und Disziplin kommen hier zusammen, denn es ist ebenfalls wichtig die natürliche Reinheit nicht zunichte zu machen. Der positive Teil der physischen Erziehung, wie oben schon angeführt, ist die Kultivierung. Dabei merkt Kant an, dass es einen Unterschied zwischen physisch und pragmatisch gibt. Wobei sich die praktische Erziehung auf Moralität bezieht. Es ist anzumerken, dass ein guter Menschenverstand, trotzdem schlecht kultivierte Moralvorstellungen haben kann. Kant unterscheidet zwei Arten von physischer Kultur, einmal die freie und einmal die scholastische. Die freie ist mit einem Spiel gleichzusetzen, welche kein wirkliches Ziel hat, wo man hingegen bei der anderen unter einem gewissen Zwang steht, Prinzipien, Ziele und Methoden stehen im Vordergrund (vgl. ebd. A 72). Zur praktischen Erziehung gehören laut Kant: „ 1) Geschicklichkeit, 2) Weltklugheit, 3) Sittlichkeit" (ebd. A 113). Er bringt hervor, dass nicht mehr die Fremdeinwirkung im Vordergrund steht, also das was Erziehung aus einem machen kann, sondern was der Mensch durch Selbsteinwirkung ermöglicht. Gesellschaftliche Nutzbarkeit ist nicht mehr das Hauptaugenmerk. Herausbildung des eigenen Charakters wird nun zur Aufgabe. Dennoch sind physische und moralische Erziehung nicht voneinander zu trennen. Sie bedingen sich gegenseitig und setzen einander voraus. Die hervorgebrachten Erziehungsstufen sind in der Entwicklung kaum voneinander abzugrenzen.

3.2 Sittlichkeit und Freiheit

Wie schon in den vorhergehenden Punkten angemerkt wird immer wieder die beträchtliche Bedeutung des eigenen Handelns verständlich gemacht. Der Mensch ist in der Lage sich seines Zwecks zu bedienen und über die Naturordnung und deren Regeln hinwegzusetzen. Der Zwiespalt der dabei entsteht ist jedoch, dass dies nicht absolut frei umzusetzen ist. Seine Handlungen sollen einer Verantwortung und Vernunft unterliegen. Das wird auch in Kants Grundgesetzt der reinen praktischen Vernunft (1788) deutlich, „ Handle so, daß die Maxime deines Willens jederzeit zugleich als Prinzip einer allgemeinen Gesetzgebung gelten könnte" (Kant in Winkel, 1984, S. 75). Fern von Begierde und Sinneslust, unterliegt und beeinflusst des Menschen Vorgehen, das der anderen. Dahingehend sind die ersten Erziehungsstufen, Disziplinierung, Kultivierung eine Notwendigkeit. Die als willkürlich verstandene Freiheit muss erstmals kultiviert werden. Der Menschheit gehört ein unbedingte Verbindlichkeit und Gehorsam an. Für Kant besteht Freiheit darin, sich seiner Vernunft und seines Willen zu bedienen, die aus moralischen Grundsätzen herrühren und den ihn auch nach Sittengesetzen folgen lassen (vgl. Winkels, 1984, S. 80 ff.). Dabei spielen Erfahrungswerte keine Rolle, der Sollcharakter entsteht, unabhängig davon, durch die Vernunft. Er setzt Freiheit in einen sozialen und einem rationalen Moment im Zusammenhang, „Der Zögling soll seine Freiheit so benutzen, daß er in der Lage ist, (a) sich selbst zu erhalten, (b) Entbehrungen zu ertragen und (c) sowohl materielles als auch geistiges „Kapital" […] zu sammeln (Kauder & Fischer, 1999, S.122). Für Kant liegt das größte Problem in der Erziehung darin, Zwang und Freiheit zu vereinen, jedoch ist dabei der Zwang unabkömmlich, „ […] gesetzlichen Zwang mit der Fähigkeit, sich seiner Freiheit zu bedienen, vereinigen könne. Denn Zwang ist nötig! (Päd Bd. 10, A 32). Ein Zusammenspiel von sittlichen Gesetzen und Zweck ist erforderlich.

4. Schlussfolgerung

Durch das Aufzeigen einzelner Entwicklungsstufen und dem Unterschied zwischen physischer und praktischer Erziehung, wird deutlich, dass Kants Vorstellung von Freiheit und Zwang oder Selbstzweck immer wieder in einem Kontext gesehen wird. Das stellt die Erziehung vor eine große Herausforderung. Erziehung ist erforderlich, jedoch muss das Kind in seine Freiheit wegbringend heran geführt werden, welches aber nicht unfrei geschehen sollte. Zwang ist jedoch im Interesse künftiger Selbstständigkeit nötig. Er kommt dann zum Tragen, wenn ein Kind sich selbst Schaden zufügen könnte oder es für die Freiheit anderer hinderlich sein könnte. Moral und Wertvorstellung stehen dabei weit im Vordergrund, welches aus den Bemühungen der praktischen Erziehung resultieren sollte und das nicht nur gegenwärtig, sondern auch als einen verbesserungswürdigen Umstand anzustreben ist. Abschließend lässt sich sagen, für Kant ist die Freiheitseinschränkung soweit zu verantworten, wie sie sich im Bestreben zukünftiger Freiheit als relevant erweist.

Literaturverzeichnis

Kauder, P. & Fischer, W. (1999). Immanuel Kant über Pädagogik. 7 Studien. Hohengehren: Schneider.

Niethammer, A. (1980). Kants Vorlesung über Pädagogik. Freiheit und Notwendigkeit in Erziehung und Entwicklung. Frankfurt am Main: Peter D. Lang GmbH.

Rink, F. (Hrsg.). (1803). Immanuel Kant über Pädagogik. In: Schriften zur Anthropologie Geschichtsphilosophie Politik und Pädagogik. Bd. 10. Wiesbaden: Insel.

Strauß, W. (1982). Allgemeine Pädagogik als transzendentale Logik der Erziehungswissenschaft. Studien zum Verhältnis von Philosophie und Pädagogik im Anschluß an Kant. Frankfurt am Main: Peter D. Lang GmbH.

Winkel, T. (1984). Kants Forderung nach einer Erziehungswissenschaft. München: Profil.

BEI GRIN MACHT SICH IHR WISSEN BEZAHLT

- Wir veröffentlichen Ihre Hausarbeit, Bachelor- und Masterarbeit

- Ihr eigenes eBook und Buch - weltweit in allen wichtigen Shops

- Verdienen Sie an jedem Verkauf

Jetzt bei www.GRIN.com hochladen und kostenlos publizieren